合唱で歌いたい！スタンダードコーラスピース

混声3部合唱

春に

作詞：谷川俊太郎　　作曲：木下牧子

••• 曲目解説 •••

詩・谷川俊太郎、曲・木下牧子による、合唱の名曲。心の動きや衝動、不安や葛藤や焦燥感、期待や憧れ・・・思春期の揺れ動く感情を描写した素晴しい作品です。大人の世界へ一歩踏み出した中高生には、想像以上の感動的な音楽を創り上げることができます。また思春期を経験した大人のコーラスでは、より一層深みのある音楽を奏でることができる楽曲です。

【この楽譜は、旧商品『春に（混声3部合唱）』(品番：EME-C3070) と内容に変更はありません。】

春に

作詞：谷川俊太郎　作曲：木下牧子

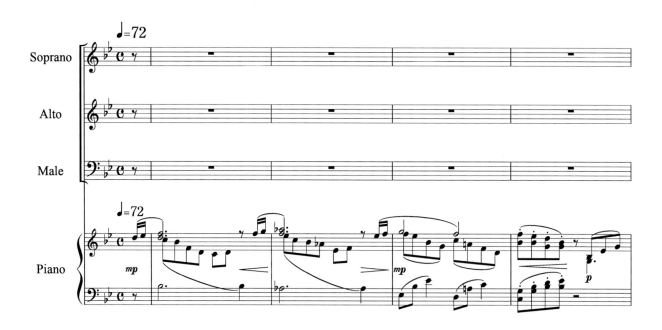

© 1990 by ONGAKU NO TOMO SHA CORP., Tokyo, Japan.

MEMO

春に

作詞:谷川俊太郎

この気もちはなんだろう
目に見えないエネルギーの流れが
大地からあしのうらを伝わって
ぼくの腹へ胸へそうしてのどへ
声にならないさけびとなってこみあげる
この気もちはなんだろう
枝の先のふくらんだ新芽が心をつつく
よろこびだ　しかしかなしみでもある
いらだちだ　しかもやすらぎがある
あこがれだ　そしていかりがかくれている
心のダムにせきとめられ
よどみ渦(うず)まきせめぎあい
いまあふれようとする

この気もちはなんだろう
あの空のあの青に手をひたしたい
まだ会ったことのないすべての人と
会ってみたい話してみたい
あしたとあさってが一度にくるといい
ぼくはもどかしい
地平線のかなたへと歩きつづけたい
そのくせこの草の上でじっとしていたい
[大声でだれかを呼びたい
そのくせひとりで黙っていたい]
この気もちはなんだろう

※{}の部分は作曲に際し省略されています。

MEMO

MEMO

エレヴァートミュージックエンターテイメントはウィンズスコアが
展開する「合唱楽譜・器楽系楽譜」を中心とした専門レーベルです。

ご注文について

エレヴァートミュージックエンターテイメントの商品は全国の楽器店、ならびに書店にてお求めになれますが、店頭でのご購入が困難な場合、当社PC&モバイルサイト・電話からのご注文で、直接ご購入が可能です。

◎当社PCサイトでのご注文方法

http://elevato-music.com

上記のアドレスへアクセスし、WEBショップにてご注文ください。

◎お電話でのご注文方法

TEL.0120-713-771

営業時間内に電話いただければ、電話にてご注文を承ります。

◎モバイルサイトでのご注文方法

右のQRコードを読み取ってアクセスいただくか、
URLを直接ご入力ください。

※この出版物の全部または一部を権利者に無断で複製(コピー)することは、著作権の侵害にあたり、著作権法により罰せられます。

※造本には十分注意しておりますが、万一、落丁・乱丁などの不良品がありましたらお取り替えいたします。また、ご意見・ご感想もホームページより受け付けておりますので、お気軽にお問い合わせください。